Hermann Hagen

Hagen Ueber Wesen Und Bedeutung

Der Homerfrage 1889

Hermann Hagen

Hagen Ueber Wesen Und Bedeutung
Der Homerfrage 1889

ISBN/EAN: 9783744738781

Hergestellt in Europa, USA, Kanada, Australien, Japan

Cover: Foto ©Thomas Meinert / pixelio.de

Weitere Bücher finden Sie auf **www.hansebooks.com**

Vor zwei Jahren* sprengte eine glänzende Kavalkade über das Blachfeld von Marathon. Voran ein wißbegieriger deutscher Prinz, dem es der Himmel von Hellas angethan, ihm zur Seite ein ältlicher Herr mit schneeweißen Locken und jugendlich blitzenden Augen, von untersetzter, behäbiger Gestalt, dem man es sofort ansah, daß er sich auf dem Katheder heimischer fühlte, als im Steigbügel. Hier waren die persischen Satrapenknechte ans Land gestiegen, von dort stürmte ihnen Miltiades todesmuthig entgegen; da stießen sie zuerst aufeinander; nun wieder rückwärts wilde Flucht der Barbaren, unaufhaltsames Nachdrängen der Hellenen bis zum Rande des Meeres, ja tief bis in die Wogen hinein. Da plötzlich strauchelt das Pferd des Professors, drei Wochen später weinte das alte Tergeste an seiner Leiche. In seltsamer Vorahnung hatte er wenige Tage, nachdem er den klassischen Boden, das Ziel seiner glühendsten Wünsche, endlich betreten, sich selber, wie ein echter Humanist, sein Epitaphium geschrieben:

Hermann Köchly, der sehnlichst Athen zu schauen geharret,
Schaut' es, und als er's geschaut, traf ihn der Moira Geschoß.

natürlich in seinem geliebten Griechisch, stolz und ergeben und doch dabei mit schalkhaftem Anflug:

Ἀρμίνιος Κοιχλύς, ὅτ᾿ ἀεί τ᾿ ἐπόθησεν, Ἀθήνας
Ὀψὲ τυχὼν ἰδέειν Μοῖραν ἴδεν θανάτου.

---

* Der Vortrag wurde am 9. Januar 1879 gehalten.

Den Manen dieses echten Mannes, des mächtigsten
Förderers der Homerfrage in neuerer Zeit, dem der
Vortragende begeistert zu Füßen gesessen, sollen die heutigen
Worte geweiht sein.

Klein zwar die Gab', doch von Herzen.

Unter Homerfrage versteht man ein Zwiefaches; erstlich: hat
ein und derselbe Dichter sowohl Ilias als Odyssee geschaffen?,
zweitens: sind Ilias und Odyssee, jede einzeln betrachtet und
als Werke verschiedenen Ursprungs erkannt, die Geistesarbeit je
eines einzigen Dichters, oder das allmählich zusammengewachsene
Produkt einer längeren Reihe verschiedener Ingenien und mehrerer
Epochen?

Was sonst noch unter dem Namen des Homeros in alter
Zeit umlief oder sich bis auf unsere Zeiten gerettet hat, ist von
vornherein von dieser Frage ausgeschlossen geblieben. So die
schwerfällige Masse des epischen Kyklos, jener zur Ergänzung
der homerischen Epen um beide herum und zwischen denselben
aufgehäuften Liederkomplexe, die jahrhundertelang den Namen
Homeros an der Stirne trugen, bis die alexandrinische Kritik sie
ausschied und ihren rechtmäßigen Verfassern wieder zustellte, so
ferner die vielgestaltigen Hymnen, der Frosch- und Mäusekrieg,
den man ebenfalls einem bestimmten Namen zuwies, der im Ton
verwandte Margites, den freilich noch Aristoteles als homerische
Vorlage der Komödie aufgestellt, endlich die kleinen schnurrigen
Gedichtchen, welche der sogenannte Herodot in seiner läppischen
Biographie Homers so wunderlich auf den Faden einer Quasi-
Lebensbeschreibung gereiht hat. Alles dieses wurde nicht in den
Bereich der Frage gezogen, nicht nur weil es an Bedeutung
den zwei großen Epen nicht gleichkommt, sondern vornehmlich
deshalb, weil bereits das Alterthum bei seinen Homerstudien
davon Umgang genommen hat.

Die Homerfrage erscheint in ihrer Totalität als das Produkt der letzten achtzig Jahre. Aber in gewissem Sinne ist sie schon von den Alten ventilirt worden, allerdings mit einer Zurück-haltung, von welcher die Neuzeit sich frei gemacht hat, die aber für damals ausreichend erklärt wird. Homer ist so innig mit allem, was hellenisch heißt, verwachsen, er ist so entschieden und spezifisch national, daß man wohl begreift, daß das Alterthum an eine völlig objektive Betrachtung nicht herantreten konnte. Um so bemerkenswerther und gewichtiger müssen uns die einzelnen Symptome erscheinen, welche bereits damals der heutigen Frage vorgearbeitet haben.

Und zwar finden wir hier Material bereits für beide Ab-theilungen der Homerfrage.

Die Einheitlichkeit des Dichters von Ilias und Odyssee haben schon im dritten Jahrhundert v. Chr. die sogenannten Chorizonten, die „Trennenden" bekämpft. Man suchte sie freilich todtzuschweigen, sprach von einem „Paradoxon" des Xenon und Hellanikos und behielt schließlich den Sieg. In der That ist das, was in der der Hauptmasse nach auf Aristarchs und seiner Schule Studien zurückgehenden Scholiensammlung des cod. Venetus A. über die Chorizonten zu finden ist, nicht gerade vertrauenerweckend: doch pflegen in derartigen Kontroversen nur die besonders schwachen Punkte hervorgehoben und siegreich wider-legt zu werden, wie man zum deutlichen Beispiel aus der Art und Weise ersehen kann, wie der Vergilerklärer Servius den aus seinem Terenzkommentar sehr vortheilhaft bekannten Donatus behandelt hat.*

---

* Die Opposition der Chorizonten, welche die Ilias als Werk Homers annahmen und die Odyssee verwarfen, gründete sich, soweit die Citate ein Urtheil erlauben, theils auf sachliche, theils auf sprachliche Widersprüche: auf sachliche, wie wenn betont wird, in der Ilias habe Neleus 12 Söhne (13, 692), in der Odyssee 3 (13, 295); Kreta erscheine in der Ilias (2, 649)

Trotz aller energischen Bekämpfung dieser Männer durch Aristarch, welcher eines seiner kritischen Zeichen, die Diple, öfters gegen Diejenigen anwandte, so da behaupten wollten, Ilias und Odyssee rührten nicht vom gleichen Dichter her, ist die Kunde einer solchen Vermessenheit doch auch außerhalb jener Sphäre auf die spätere Zeit gekommen, ein Beweis dafür, daß ihr Zweifel nicht einfach zu unterdrücken war. So erwähnt Seneca in seiner Schrift De brevitate vitae cap. 13 an einer Stelle, wo er von Untersuchungen spricht, die auf die Erstellung eines glücklichen Lebens keinen weiteren Einfluß ausübten, auch die Frage, ob Ilias und Odyssee dem nämlichen Verfasser zuzuschreiben seien.

Doch das sind immerhin nur versprengte Reste: im großen und ganzen hielt sich die Folgezeit an die verurtheilende Polemik Aristarchs, des antiken Kritikers κατ' ἐξοχήν. Das weiteste Zugeständniß, das man betreffs der Ilias und Odyssee machte, war die in einigen Lebensbeschreibungen Homers sich findende Bemerkung, daß beide nicht zur gleichen Zeit entstanden seien. Dabei konnte man sich jedoch nicht darüber einigen, welches Gedicht das frühere und welches das spätere sei. Diejenigen, welche den Schwerpunkt homerischer Dichtung in die Ilias verlegten, erklärten diese für Homers spätestes, weil eben vollendetstes Werk: Andere, wie Longinus, welche die in beiden Gedichten behandelten Verhältnisse, also das Stoffliche ins Auge faßten, mochten die Ilias, als den Schauplatz des Kampfes und des sprühenden Jugendmuthes, lieber der Jugend Homers

---

mit 100 Städten ausgerüstet, in der Odyssee mit 90 (19, 174); Aphrodite heiße in der Ilias (21, 416) Gemahlin des Ares, in der Odyssee (8, 270) Gattin des Hephästos; auf sprachliche, wenn sie hervorheben, das Wort προπάροιϑε, welches vor bedeutet, werde in der Ilias nur örtlich, in der Odyssee nur zeitlich gebraucht; auf beides, wenn die Chorizonten betonen, daß in der Odyssee mehr hausbackene Worte (εὐτελῆ λεξίδια) vorkämen, in der Ilias dagegen mehr heroische, gewählte Ausdrücke.

zuschreiben, die Odyssee dagegen als das Abbild gereifter Mannes-
erfahrung seinem höheren Alter.

Die Gegenwart hat den schüchternen Versuchen der Chorizonten vollständig Recht geben müssen. Daß beide Gedichte
einem und demselben Haupte entsprungen seien, kann bei der
weitgreifenden und vielfachen Verschiedenheit nicht mehr fest-
gehalten werden. Die Odyssee zeigt bei zunehmender Ver-
innerlichung entschiedene Abnahme des Plastischen: von dem
einfachen Hülfsmittel, das Erzählte zu klarer Anschauung zu
bringen, vom Gleichniß, macht gegenüber der Ilias die Odyssee
nur noch mäßigen Gebrauch; dort finden wir an 200, hier nur
gegen 40 Vergleiche. Und diese Gleichnisse selbst unterscheiden
sich wesentlich voneinander: in der Ilias werden sie im ganzen
mehr aus dem Naturleben genommen, in der Odyssee liefert die
menschliche Betriebsamkeit vorherrschend den Stoff. Ferner erscheinen in der Ilias Götter entweder als rohe Naturkräfte oder
einfach als potenzirte Menschen, mit allen großen und kleinen,
edeln und unedeln Leidenschaften der Erde ausgestattet: die Odyssee
zeigt sie uns in erhabener Gestalt als ethische, überirdische Ge-
walten. Diese fortgeschrittene Idealisirung der Götter in der
Odyssee erklärt es auch, warum hier das Streben der Menschen,
mittelst der Mantik den Schleier der Zukunft zu lüften, weit
stärker betont wird, als in der Ilias. Dazu ist noch zu rechnen
das entschiedene Hervortreten der geistigen That in der Odyssee
gegenüber der rohen Körperkraft, die auffallende Zunahme der
philosophischen Elemente in Gestalt des Gnomischen, die hervor-
ragende Rolle, welche neben anderen Künsten vornehmlich die
Kunst des epischen Gesanges, verkörpert in Phemios und Demodokos, spielt, während in der Ilias ihrer nur spärlich gedacht
wird, endlich noch die bezeichnende Thatsache, daß trotz der vielen
stofflichen Berührungspunkte, welche sich zwischen Ilias und
Odyssee auffinden lassen, die letztere nirgends irgend welche

Notiz von jener nimmt. Dies alles in Verbindung mit tief-
greifender sprachlicher Verschiedenheit und ganz anderer Gestaltung
der Komposition läßt den Gedanken an eine Identität des Schöpfers
beider Gedichte nicht mehr im Ernste aufkommen. Dabei ist es eine
müssige Frage, zu rechnen, wie groß gerade der zeitliche Zwischen-
raum zwischen beiden Epen anzunehmen sei: jedenfalls war nach
dem Gesagten derselbe bedeutend genug, um die Gleichheit der
Quelle auszuschließen.

Daß die Chorizonten auch die Frage nach der Einheit von
Ilias oder Odyssee für sich genommen in den Bereich ihrer
Untersuchungen gezogen haben, dafür sind direkte Belege nicht
vorhanden; immerhin hängt es damit zusammen, wenn sich Jene
darüber aufhielten, daß Ilias 13, 365 von den Töchtern des
Priamos Kassandra als εἶδος ἀρίστη, die Schönste von Gestalt,
bezeichnet werde, Ilias 6, 252 dagegen Laodike.

Weit gefährlicher ist der Einheit von Ilias oder Odyssee
die alte Nachricht, daß das 10. Buch der Ilias, die Doloneia,
ursprünglich von Homer einzeln und für sich gesungen und erst
viel später dem Kontext der Ilias einverleibt worden sei, sowie
die Kunde, daß Aristarch den 24. Gesang der Odyssee samt
der zweiten Hälfte des 23. Buches als unecht verworfen habe.
Dazu tritt die oft von den Alten wiederholte Behauptung, daß
erst durch Peisistratos, also im sechsten Jahrhundert v. Chr.,
die bis dahin vereinzelt gesungenen Lieder in die beiden großen
Einheiten der Ilias und Odyssee zusammengefaßt worden seien,
ein Satz von fast dogmaartiger Bedeutung, den namentlich
Aelian in seinen mannigfachen Geschichten 13, 13 folgendermaßen
drastisch erläutert: „Die Alten sangen früher die homerischen
Gedichte zerstreut, wie „den Kampf bei den Schiffen", „die
Doloneia", „die Heldenthaten des Agamemnon", „die Aufzählung
der Schiffe", „die Patrokleia", „Hektors Auslösung", „die
Leichenspiele um Patroklos", „den Bruch der Eide", und aus

der Odyssee: „die Dinge in Pylos", „die Dinge in Lakedaemon", „die Grotte der Kalypso", „das Floß des Odysseus", „die Erzählung bei Alkinoos", „die Kyklopeia", „die Unterweltsfahrt", „den Aufenthalt bei Kirke", „die Erkennungsscene zwischen Odysseus und der Schaffnerin Eurykleia", „den Freiermord", „den Besuch des Odysseus bei Laertes". Erst spät hat Lykurgos die homerische Poesie zuerst gesammelt nach Hellas gebracht und später hat daraus Peisistratos Ilias und Odyssee gemacht." Josephus betont in seiner Streitschrift gegen Apion (I, 2), wie die Hellenen erst sehr spät und mit Mühe sich die Buchstabenkunde angeeignet hätten und wie es selbst von dem eingestandenermaßen ältesten Schriftwerke der Griechen, den Gedichten des Homer, heiße, daß auch dieser seine Werke nicht schriftlich hinterlassen habe, sondern daß dieselben lediglich · durch das Gedächtniß aufbewahrt und fortgepflanzt worden seien: erst später habe man dann seine Poesien aus einzelnen Liedern zusammengesetzt, ein Verfahren, welches auch die vielen darin vorhandenen Widersprüche erkläre.   '

In einer anderen Hinsicht hat auch die Bernische Handschriftenbibliothek, die wir Graviffets Bürgertugend und Bongars' Sammlerfleiß verdanken, ihr Scherflein zur Aufhellung der Einheitsfrage beigetragen, indem sie uns eine werthvolle Notiz über einen nicht unbedeutenden unhomerischen Bestandtheil der Odyssee zuführte. Im 4. Buch von Vergils Georgika findet sich ein Vers, welcher genau einem solchen des 11. Gesanges der Odyssee nachgebildet ist, ja geradezu eine Uebersetzung desselben darstellt. Dieser 11. Gesang enthält bekanntlich die Nekyia, d. h. den Besuch des Odysseus in der Unterwelt. Er war hinabgezogen, um den Schatten des Teiresias wegen seiner Rückkehr zu befragen und trifft daselbst auch noch mit anderen Seelen zusammen von Solchen, die ihm einst nahe gestanden, wie mit seiner Mutter und den Heroen des troischen Krieges.

Außerdem aber findet sich in jenem Gesang noch ein ziemliches bedeutendes Stück, in welchem er mit den abgeschiedenen Seelen einer langen Reihe von Heldenfrauen bekannt gemacht wird, zu denen er durchaus in keinerlei Beziehung steht. Schon dieser Umstand und dann der der homerischen Poesie sonst nicht eigene spezifisch genealogische Charakter dieser Verse macht dieses ganze Stück verdächtig, d. h. kennzeichnet dasselbe als fremdartiges Einschiebsel, und zwar nicht etwa als ein homerisches, sondern vielmehr als ein Erzeugniß der hesiobischen Schule, die mit Vorliebe solchen genealogischen Aufzählungen zugethan war. Und nun findet man in der That in dem Berner Vergilkodex, welcher die sogenannten Berner Scholien enthält, zu dem erwähnten Verse die Bemerkung beigeschrieben, Vergil habe denselben aus Hesiods Katalog der Frauen übertragen. Es geht somit die genannte Notiz auf eine Tradition zurück, in welcher das besagte Stück des 11. Gesanges der Odyssee nicht dem Homer, sondern dem Hesiod zugeschrieben war. Wir wollen gleich beifügen, daß sich noch außerdem mehrere Spuren zeigen, welche beweisen, daß die hesiobische Poesie in den Komplex der homerischen Eingang zu finden gewußt hat: dahin gehört in der Odyssee die ganze Episode vom Seher Theoklymenos, dessen zur Entwickelung des Ganzen durchaus nichts beitragende Figur nach Böotien weist, und in der Ilias der zweite Theil des 2. Gesanges, der Schiffskatalog, der ebenfalls den Verlauf der Handlung störend aufhält und noch dazu neben dem spezifisch hesiobischen Charakter der nackten Nomenklatur, höchst bezeichnend für seine Herkunft, mit einer übertrieben ausführlichen Schilderung gerade des böotischen Kontingents anhebt. Gegenüber diesem entschieden hervortretenden Lokalpatriotismus mag nur noch angedeutet werden, daß in den wirklich homerischen Bestandtheilen der Ilias der Leser noch einmal mit den Haupthelden der Achäer bekannt gemacht wird, und zwar in echt poetischer, plastischer Weise.

durch den Mund der Helena selbst, welche in der Teichoskopie dem greisen Priamus und den um ihn versammelten Aeltesten der Troer vom Thurme herab das Griechenheer zeigt. — So weit die direkten antiken Elemente der Frage.

Das Mittelalter hat sich an der Lösung dieses Problems nicht betheiligt: im Abenbland nahm Vergil fast ausschließlich das Interesse an der epischen Dichtung der alten Zeit für sich in Anspruch, im Morgenland begnügte man sich mit einem verwässerten Aufguß der landläufigen gelehrten Tradition.

In der Zeit des Wiederaufblühens der Wissenschaften überwog das stoffliche Behagen am wiedererschlossenen Alterthum alle derartigen auf die Form und die Komposition gerichteten Untersuchungen.

Eine neue Phase der homerischen Frage war der Neuzeit vorbehalten. Man pflegt ihre Geschichte mit Fr. Aug. Wolf zu beginnen und an die Spitze der bezüglichen Litteratur seine weltberühmten Prolegomena ad Homerum zu stellen, welche im Jahre 1798 erschienen sind. Und dies mit Recht, wenn man dabei die fachmännisch-kritische Behandlung und Durchführung der Frage ins Auge faßt. Dagegen findet sich eine Vorahnung davon, aber lediglich als weiter nicht bewiesene Behauptung aufgestellt, bereits zu Anfang des achtzehnten Jahrhunderts bei dem genialen Italiener Gambattista Vico, der auch in der Beurtheilung des historischen Gehalts der ältesten römischen Geschichte seine Sehergabe glänzend bekundet hat: nach ihm bezeichnet Homer nicht eine bestimmte Persönlichkeit, sondern nur eine Idee, nämlich den heroischen Sagenschatz seiner Nation; ferner seien gleich den alten Sagen der Völker auch die homerischen Gesänge ursprünglich nicht niedergeschrieben gewesen, sondern erst, nachdem sie durch die Hände vieler Bearbeiter gelaufen, zu der jetzigen Gestalt gelangt; endlich stehe die Ilias von der Odyssee mindestens um ein volles Jahrhundert ab. Auch der große

englische Kritiker Bentley hatte einen ähnlichen Zweifel ge-
äußert.

Wolfs Prolegomena kommen zum gleichen Resultat, aber
auf dem Wege sorgfältigen Quellenstudiums und streng · wissenschaftlicher Methode, welche das Werk auch heute noch und für
alle Zeiten als ein leuchtendes Vorbild litterar-historischer Kritik
erscheinen läßt.

Wolf beschränkte sich in diesen Prolegomena, von denen nur
ein erster Theil erschienen ist,. auf die historischen Gründe,
welche gegen die Annahme sprechen, daß Ilias und Odyssee in
der uns vorliegenden überlieferten Gestalt als einheitliche und
intakt erhaltene Schöpfungen eines einzigen, Homer genannten und
nach der vulgären Tradition dem zehnten Jahrhundert v. Chr.
angehörigen Dichters zu betrachten seien. Namentlich betont
Wolf den späten Gebrauch der Schreibekunst bei den Griechen,
der den Gedanken an eine schriftliche Fixirung zweier Gedichte
von gegen 38 000 Versen in jenen Zeiten geradezu unmöglich
mache und zur Annahme nöthige, daß diese Gesänge eine lange
Reihe von Jahren (mindestens anderthalb Jahrhunderte) hindurch
nur auf dem Wege mündlicher Ueberlieferung auf die Nachwelt
verpflanzt worden seien. Nicht ohne Belang war dabei der
Hinweis, daß die Gedichte selbst keinerlei Kenntniß der Schreibekunst verrathen. Dies führte in Verbindung mit den sonstigen
Nachrichten über die Geschichte der homerischen Ueberlieferung
von selbst zur Verneinung ihrer Integrität. Der Erfolg der
Wolf'schen Schrift war ein ungeheurer, und zwar nicht nur bei Fach-
genossen, sondern auch bei den Vertretern der schönen Litteratur.

So findet man bereits in Herders Aufsatz: „Homer, ein
Günstling der Zeit", der fast gleichzeitig, im Jahre 1795, in den
Horen erschien, eine auffallende Uebereinstimmung der Ansichten;
zunächst über die Verschiedenheit von Ilias und Odyssee: „Wie
mich dünkt, haben beide Gedichte jedes seine eigene Luft, seinen

Himmel, seine eigene Zusammenfassung der Gestalten in der Ober-, Mittel- und Unterwelt"; dann über die Textüberlieferung folgende bezeichnende Sätze: „Wie stand es aber mit der Erhaltung solcher Gesänge im Munde der Rhapsoden? Mochten sie ihren Homer mit der gewissenhaftesten Treue gelernt haben und mit einer Art göttlicher Verehrung wiederholen —, die Leichtigkeit des Verses und der Erzählung selbst lud zu Veränderungen ein." Und an einer anderen Stelle: „Wenn man sich die griechische Lebhaftigkeit im Vortrage, im Erzählen, im Extemporiren erdichteter Geschichte einigermaßen vorstellt, so ist ein steifes Rezitiren auswendig gelernter Verse, die unter allen Völkern Griechenlands jahrhundertelang dieselben geblieben wären, ganz undenkbar."

Ferner erklärten ihre Zustimmung Fichte und Wilhelm von Humboldt, dann bekanntlich auch Goethe im Gedichte „Hermann und Dorothea", wo wir lesen:

> Erst die Gesundheit des Mannes, der endlich vom Namen Homeros
> Kühn uns befreiend uns auch ruft in die vollere Bahn!
> Denn wer wagte mit Göttern den Kampf und wer mit dem Einen?
> Doch Homeride zu sein, auch nur als letzter, ist schön.

Später freilich änderte Goethe seine Meinung und wollte Homer lieber als Ganzes denken, als Ganzes freudig empfinden. Andere, wie Voß und Schiller, hatten sich von Anfang an nicht damit befreunden können. Unter den Alterthumsforschern wagte sich erst nach und nach und schüchtern die Opposition hervor, bis dieselbe in Nitzsch und Welcker zwei thatkräftige Vertreter fand, deren Bedenken nicht wenig dazu beitrugen, daß man auch auf gegnerischer Seite das Problem immer tiefer und allseitig zu erfassen bestrebt war.

Eine zweite Epoche in der Entwickelung der homerischen Frage knüpft sich an den Namen Lachmann. Sie beginnt mit dem Jahre 1837, in welchem er den ersten Theil seiner

Betrachtungen über Homers Ilias in der Königlichen Akademie der Wissenschaften zu Berlin vorlas. Hatte Wolf die historischen Grundlagen der sogenannten Einheit seiner Prüfung unterworfen, so lenkte Lachmann den Blick des Kritikers auf die innern Gründe, welche der Annahme einer einheitlichen Komposition entgegenständen, und hob da eine Menge von Widersprüchen der verschiedensten Art hervor, welche, falls man ein Lied um das andere als eine für sich bestehende, selbständige Schöpfung, sei es eines Dichters oder mehrerer, betrachte, ohne weiteres dahinfielen, im anderen Falle dagegen zu unlösbaren Schwierigkeiten führten.

Nicht als ob Lachmann der Erste gewesen wäre, welcher diese Widersprüche gefühlt hätte: aber man hatte dieselben unter dem bannenden Einfluß der Tradition, welche nur von einem Dichter und einem Gedichte wußte, unterschätzt; entweder machte man es, wie die Alten mit ihrem bekannten Spruch, daß auch der gute Homer seine Augenblicke habe, wo er einnicke, und setzte sie auf Rechnung des menschlichen Unvermögens, bei gewaltigen weit angelegten Entwürfen zugleich auch auf jede Kleinigkeit, auf jedes Nebending ein wachsames Auge zu haben, oder man suchte sie durch die Annahme von fremdartigen Einschiebseln späteren Ursprungs frischweg zu beseitigen. Lachmanns Verdienst besteht nun darin, daß er den Nachweis liefert, wie bei allen Konzessionen an diese beiden Erklärungsweisen immer noch ein bedeutendes Residuum übrig bleibt, welches eine andere Deutung, als die von ihm selbst verfochtene, nicht zuläßt.

Auf dem von Lachmann angebahnten Wege ist Köchly weitergeschritten, indem er namentlich das Gebiet der poetischen Widersprüche ins Auge faßte, so daß man ihn auch geradezu den Vertreter einer dritten Phase der Homerkritik, nämlich der ästhetischen, genannt hat. Köchly hat seine geistreichen Untersuchungen, welche sich im Gegensatz zu den früheren, nur auf die

Ilias eingeschränkten Arbeiten auch auf die Odyssee erstrecken, seit 1850 in einer stattlichen Reihe von Programmen niedergelegt, welche stets eine Zierde der Züricher Universität bilden werden und neben dem gediegenen Inhalt sich auch durch feine Glätte der Form und belebte Darstellung auszeichnen. Dazu tritt der im Jahre 1861 unternommene kühne Versuch, die durch Ausscheidung späterer Zudichtung in ihrer muthmaßlichen Ursprünglichkeit wiederhergestellten alten Iliaslieder auch durch den Druck zu fixiren und so eine erneute allseitige Prüfung durch Freund und Feind bedeutend zu erleichtern. Endlich hat er auch auf der Philologenversammlung in Augsburg in glänzendem Vortrag seine Ansichten über die ältesten Bestandtheile der Odyssee entwickelt.

Aber auch auf gegnerischer Seite blieben gründliche Untersuchungen der Frage nicht aus. Nitzsch faßte seine bereits in den zwanziger Jahren begonnenen polemischen Schriften später in zwei ausgedehnte Werke zusammen, und neuerdings erschien von Kammer in Königsberg allein über die Odyssee ein voluminöser Band, welcher vielfach die überraschendsten Zugeständnisse macht, nicht selten in nichtssagende Plattheiten verfällt, aber auch viele treffende Beobachtungen bietet und namentlich dadurch werthvoll ist, daß er die der Wolf'schen Hypothese abgeneigte Ansicht eines Karl Lehrs an der Hand der einschlagenden, in extenso veröffentlichten Aktenstücke vor Augen führt. Sowohl bei Nitzsch als bei Kammer findet sich freilich die merkwürdige Inkonsequenz, daß sie zur Beseitigung gewisser Unebenheiten ohne Zaudern ihre Zuflucht zur Annahme von Interpolationen nehmen, während andere ebenso wesentliche von ihnen als unerheblich bezeichnet werden, und zwar unerheblich sowohl für die Hörer, als für die Momente der Handlung.

An die genannten Werke, welche als die Marksteine der Homerfrage zu bezeichnen sind, hat sich, wie es bei allen solchen Untersuchungen der Fall zu sein pflegt, noch eine reiche Litte-

ratur von Spezialforschungen angelehnt, welche bald einzelne
Lieder, bald allgemein das Wesen des Epos, bald kleinere und
größere Gruppen, bald die historische Entwickelung der Frage ins
Auge fassen und theilweise von bedeutenden Namen getragen
werden, darunter. Friedländer, Steinthal, Christ, Kirch-
hoff, Hartel, Bonitz, G. Curtius. Dabei fehlte es nicht
an Solchen, welche zwischen den beiden extremen Parteien der
Unitarier und der Anhänger der Kleinliedertheorie zu vermitteln
suchten, und diesen ist es namentlich zu verdanken, daß der lange
mit zäher Erbitterung geführte Kampf sich heutzutage auf den
Boden eines Präliminarfriedens gestellt hat.

Ehe wir auf einzelne Momente der Frage näher eintreten
wolle uns der Leser gestatten, ihm in kurzen Zügen den Inhalt
der beiden Gedichte ins Gedächtniß zurückzurufen.

Das Lied von den Kämpfen vor Ilios beginnt mit dem
Zorne des Achilleus, welcher samt seinen Myrmidonen die
fernere Theilnahme am Kampfe verweigert, weil ihm Agamemnon
seine Kriegsgefangene, Briseis, zu entführen gedroht hat zum
Ersatz für Chryseis, die er zur Abwehr der von Apollo gesandten
Pest auf Achilleus' Verlangen dem Vater zurückerstatten muß.
Agamemnon führt seine Drohung aus, Achilleus klagt seiner
Mutter Thetis sein Leid, und diese setzt es bei Zeus durch, daß
er, um Achilleus Genugthuung zu verschaffen, die Troer fortan
siegen lassen will. Darauf beruft Agamemnon auf einen Traum,
der ihm einen Sieg verspricht, das Achäerheer zusammen, welches
zuerst nach Hause zurückeilen will, dann aber zum Ausharren
bestimmt wird. Dann erfolgen große Vorbereitungen zu einem
gewaltigen Kampf und eine Aufzählung der beiderseitigen Kriegs-
völker. Ein Zweikampf zwischen Paris und Menelaos soll den
ganzen Krieg entscheiden. Menelaos siegt, der dem Tode nahe
Paris wird durch Aphrodite gerettet. Ein Pfeilschuß des Lykier-
fürsten Pandaros auf Menelaos bricht den Vertrag, es beginnt

die Schlacht, welche für die Achäer günstig ist, indem Diomedes alles niederwirft und selbst die Götter Aphrodite und Ares mit Athenens Hülfe besiegt. Hektor eilt nach Troja, um einen Bitt-gang der Greisinnen zum Tempel der Athene zu veranstalten, und trifft dort mit seiner Gattin Andromache zusammen. In den Kampf zurückgekehrt, bietet er den Achäern einen Zweikampf an, den Ajas der Telamonier aufnimmt. Derselbe bleibt aber wegen Anbruch der Nacht erfolglos. Darauf bestatten beide Völker ihre Todten. Ein neuer Kampf bringt den Troern Sieg. Agamemnon schickt eine Gesandtschaft an Achilleus, um ihn zu versöhnen, aber vergeblich. In der Nacht gehen Odysseus und Diomedes auf Kundschaft aus und tödten den zu gleichem Zweck ausgesandten Troer Dolon. Am anderen Tage beginnt ein neuer Kampf, der zuerst den Achäern günstig ist, aber nach manchen Wechselfällen erstürmt der Feind das Lager und droht bereits die Schiffe zu verbrennen; da erscheint Patroklos in der Rüstung des Achilleus, treibt die Troer zurück, wird aber vor Trojas Mauern von Hektor erschlagen. Thetis verschafft dem über den Tod seines Freundes trostlosen Achilleus eine neue Rüstung, der-selbe versöhnt sich mit Agamemnon, und nun dringen die Achäer, Achilleus an der Spitze, unter ungeheurem Blutbad siegreich vor, Hektor selbst fällt von Achilleus' Hand, der ihn an seinen Streit-wagen bindet und nach dem Lager zurückschleift. Darauf folgen die Leichenspiele zu Ehren des Patroklos und der Bittgang des Priamos zu Achilleus, der ihm die Leiche des Sohnes heraus-giebt. Mit der Todtenklage um Hektor und seiner Bestattung schließt das Gedicht.

Den Anfang der Odyssee macht eine Versammlung der Götter im Olymp, welche über Odysseus' Heimsendung berathen. Darauf fordert Athene in Gestalt des Taphierfürsten Mentes Telemach auf, sich in der Fremde Kunde vom abwesenden Vater zu holen: dies thut er zuerst in Pylos bei Nestor, dann in Sparta bei Menelaos. Eine zweite Götterversammlung verfügt Odysseus' Rückkehr. Von Kalypso auf Befehl des Hermes entlassen, fährt er auf einem Floße der Heimath zu; da zertrümmert ihm der ob der Blendung seines Sohnes Polyphemos ergrimmte Poseidon sein Gefährt, und der Held rettet sich mit Müh und Noth ans Land der Phäaken. Von Nausikaa, des Königs Alkinoos Tochter, gastlich empfangen, begiebt er sich in den Königspalast. Allerhand Lustbarkeiten sollen den nach seiner Heimath sich sehnenden Fremdling auf- heitern, auch der blinde Sänger Demodokos mit seinen Sängen von den Kämpfen vor Ilios. Die innere Bewegung, welche Odysseus hierbei verräth, bestimmt Alkinoos, ihn zur Erzählung seiner Abenteuer aufzufordern. Nun folgt der Bericht des Odysseus, zuerst von den Kikonen, dann von den Lotophagen und von Polyphem, von Aeolos, den Lästrygonen und der Kirke, von der Fahrt ins Todtenreich, von den Sirenen, der Skylla und Charybdis, von den Rindern des Helios, dem Schiffbruch und der Rettung auf die Insel Ogygia zur Nymphe Kalypso. Darauf wird Odysseus von den Phäaken nach Ithaka gebracht und schlafend ans Land gesetzt. Athene beräth sich mit ihm über die Rache an den Freiern und verwandelt ihn zur leichteren Ausführung seiner Pläne in einen greisen Bettler. Zuerst be- giebt er sich zu Eumaeos, der ihn gastlich aufnimmt. Dort trifft er mit Telemach zusammen, welchen Athene aus Sparta geholt, und giebt sich ihm zu erkennen. Odysseus gesellt sich zu- nächst zu den Freiern, die ihn als Bettler schnöde behandeln. Es folgt der Zweikampf mit dem Bettler Iros, die Entfernung der Waffen aus dem Männersaal und die Erkennung durch Eurykleia. Nun bringt Penelope den Bogen und die Pfeile des Odysseus und verspricht demjenigen der Freier ihre Hand, der den Bogen einspannen und den Pfeil durch zwölf Aexte hindurch- schnellen könne. Vergeblich mühen sich die Freier ab, da spannt Odysseus seinen Bogen, trifft das Ziel und der Kampf mit den

Freiern beginnt. Nach deren Vernichtung giebt sich Odysseus seiner Gattin zu erkennen. Die Schatten der Freier werden von Hermes in die Unterwelt geleitet und führen mit den dortigen Heroen Zwiegespräche. Odysseus sucht inzwischen seinen greisen Vater Laertes auf, es kommt zur Schlacht zwischen den Angehörigen der Freier und Odysseus, dieser siegt, und es folgt schließlich allgemeine Versöhnung, vermittelt durch Pallas Athene.

Zu den schönsten Gesängen der Ilias gehört unstreitig das neunte Buch, welches uns erzählt, wie Agamemnon den redlichen Versuch macht, sich mit dem zürnenden Achilleus wieder auszusöhnen, und wie ihm dieses trotz der eifrigen und klugen Fürsprache der drei Abgesandten vollständig mißlingt. Mit welcher Meisterschaft ist nicht die Rede des Hauptsprechers ausgeführt, des erfindungsreichen Odysseus, welcher erst, nachdem er klug die Thatenlust des feiernden Helden von neuem entfacht, ganz allmählich sich dem angestrebten Ziele nähert und sorgsam jede Wendung zu vermeiden weiß, von der er eine ungünstige Einwirkung auf das leicht erregbare Gemüth des Verletzten befürchten zu müssen glaubt? Daneben die biedere Treuherzigkeit und gutmüthige Einfalt des greisen Phönix, der keine Ahnung davon hat, wie herzlich wenig er mit seiner kunstlosen Redseligkeit erreichen wird, und endlich die offene, kurz angebundene Derbheit, mit welcher der des feineren Wortes unkundige Schlagbrein Ajas seinem lange verhaltenen Aerger so kräftiglich Luft macht! Neben diesen inneren Vorzügen interessirt uns aber dieser Gesang noch besonders durch die offenkundige Beziehung, in welcher er zum Eingangslied der Ilias steht, das uns vom Zorne des Achilleus gesungen, sowie die weittragende Perspektive, die er uns über den weiteren Verlauf der Handlung zu eröffnen scheint. Und in der That ist dieser Gesang von Nitzsch zum Mittelpunkt der ganzen Ilias, zum bewegenden Motor der gesamten Handlung erhoben worden, welche von einem entschieden einheitlichen

Gedanken getragen werde, der von Nitzsch folgendermaßen fest-
gestellt wird: „Dem vollkommen berechtigten und gerechten Zorn
des Achilleus sichert der höchste Lenker der Welt selbst die Er-
füllung zu; aber die menschliche Leidenschaft treibt den an
sich selbst gerechten Zorn ins Maßlose. Mit der Zurückweisung
der angebotenen Versöhnung wird Achilleus strafbar, und durch
den Tod seines theuersten Freundes büßt er die Strafe für die
Maßlosigkeit seines Grolls.“

Aber wenn es wirklich die Gerechtigkeit wäre, welche Zeus
bestimmt, auf Achilleus' Seite zu treten und Thetis' Wunsch,
an den undankbaren Achäern Rache zu nehmen, zu willfahren,
dann sollte dies doch auch irgendwo ausgesprochen sein: statt
dessen thut dies Zeus lediglich aus dem Grunde, weil er Thetis
für frühere Wohlthaten Dank schuldig ist. Und soll Achilleus
für seine Unversöhnlichkeit durch den Tod seines liebsten Freundes
bestraft werden, so mußte sich Zeus doch mißbilligend über
die schroffe Zurückweisung der Gesandtschaft aussprechen: dies
geschieht aber keineswegs, im Gegentheil heißt es noch im
15. Buch V. 595 u. f. ausdrücklich, daß Zeus, um der
Thetis Bitte zu erfüllen, d. h. rächend für Achilleus einzustehen,
den Troern immer mehr Muth eingeflößt habe. So wird auch
der Tod des Patroklos nirgends als eine Bestrafung des Achilleus für seinen maßlosen Zorn angesehen, sondern lediglich als
die Folge seiner eigenen Unvorsichtigkeit, und weil er des
Achilleus' bestimmten Befehl, die Troer nicht weiter als bis zum
Lager hinaus zu verfolgen, verwegen überschritten hat.

Kann also auch der neunte Gesang nicht in dem genannten
Sinne als Mittelpunkt des ganzen Gedichtes angesehen werden,
so war doch zu erwarten, daß auf diesen mit so großem Auf-
wand oratorischer Mittel in Scene gesetzten Versöhnungsversuch
Agamemnons im Folgenden irgend welche Rücksicht genommen
wurde. Statt dessen aber liest man verwundert im 11. Buch

V. 609 u. f., daß Achilleus mitten in der harten Bedrängniß der Achäer zu Patroklos die Worte spricht: „Nun, glaube ich, werden die Achäer mir kniefällig zu Füßen sinken und mich bitten, versöhnlich zu sein." Im weitern Verlauf dieses Gesanges V. 765—803 setzt Nestor alles daran, den Patroklos zu bewegen, daß er den Achilleus zur Wiederaufnahme des Kampfes bestimme, ohne daß entweder er oder doch Patroklos selbst der Erfolglosigkeit des eben erst stattgefundenen Versöhnungsversuches auch nur mit einem Wort gedächte: ja, Nestor hält es sogar für möglich, daß Patroklos seinen Zweck erreichen würde.

Noch auffallender ist Folgendes. Nachdem Achilleus zu Beginn des 16. Gesanges seinem Freunde gestattet hat, mit seiner eigenen Rüstung angethan ihn im Kampfe zu vertreten, läßt ihn der Dichter in Klagen ausbrechen über die ihm angethane Beschimpfung und schließlich die Worte sprechen (V. 77): „Freilich würden die Troer bald davon fliehen und alles mit Todten bedecken, wenn Agamemnon freundlich gegen mich gesinnt wäre." Ja noch mehr: einige Verse später (V. 83) redet der nämliche Achilleus, dem Agamemnon durch Odysseus die Zurückgabe der entführten Jungfrau Briseis nebst vielen herrlichen Geschenken Tags zuvor hatte zusichern lassen, die denkwürdigen und keiner Mißdeutung ausgesetzten Worte: „Folge mir aber, wie ich dir anbefehle, auf daß du mir großen Ruhm verschaffest seitens der Achäer und damit sie sich dadurch bestimmen lassen, mir die schöne Jungfrau zurückzusenden und noch herrliche Geschenke obendrein."

Sind dies nicht auffallende Widersprüche?

Nicht von dieser Tragweite, aber auch nicht ganz unerheblich sind einige Unebenheiten, welche uns gleich am Anfang in dem verhältnißmäßig geringen und daher mit Leichtigkeit übersehbaren Raume des ersten Gesanges entgegentreten. Da verspricht Thetis ihrem Sohne, daß sie sich bei Zeus für ihn verwenden werde, doch erst nach einer bestimmten Frist. „Zeus,“ sagt sie, „ist nach dem Okeanos gegangen zu den Aethiopiern, gestern, und alle Götter folgten ihm; am zwölften Tage aber wird er wieder zum Olympos zurückkehren.“ Damit will es nun nicht stimmen, wenn trotzdem Apollo in dieser Zeit in eigener Person sich dem Lager der Achäer nähert und Thiere und Menschen mit seinen Pfeilen erlegt oder später das Opfer des Odysseus und die Fürbitte des versöhnten Chryses gnädig entgegennimmt; auch nicht, wenn im Wortkampf des Agamemnon und Achilleus plötzlich Athene dem Letztern erscheint, um ihn zur Ruhe zu mahnen. Denn offenbar liegen diesen Stellen verschiedene Voraussetzungen vom Wesen der Götter zu Grunde, dort eine menschlichere, die Allgegenwart derselben beschränkende, hier eine freiere, idealere Auffassung. Nun heißt es aber noch obendrein von Athene, nachdem sie Achilleus gewarnt, V. 221: „Hierauf ging sie nach dem Olympos zurück zum Palast des Zeus und zu den übrigen Göttern.“

Auch in der Berechnung der Tage findet sich eine gewisse Differenz. Thetis hatte ihrem Sohne die Rückkehr des Zeus, der gestern zu den Aethiopiern gegangen sei, auf den zwölften Tag verheißen. Darauf wird die Zurücksendung der Chryseis geschildert, welche den auf diese Unterredung folgenden Tag völlig in Anspruch nimmt: und dann liest man erst V. 493: „Aber als von da weg die zwölfte Morgenröthe gekommen war, da kehrten die Götter nach dem Olympos zurück, alle, Zeus voran.“ Diese Unebenheit schwindet in dem Augenblick, wo man die Heimsendung der Chryseis als ein ursprünglich selbständiges Lied nach Lachmanns Vorgang vom Uebrigen lostrennt.

Drei Kampftage sind es, welche in der Hauptmasse der Ilias, von Buch 2 bis 22 ausführlich geschildert werden: der erste in den Gesängen 2 bis 7, der mittlere von Buch 11 bis 17, der letzte im 20., 21. und 22. Lied.

Die Veranlassung zum ersten Kampfe geht von Zeus aus, welcher, um dem beleidigten Achilleus Rache zu verschaffen, einen verderblichen Traum zu Agamemnon sendet, der ihn unter Vorspiegelung eines nahen Sieges zur Rüstung des Heeres und den Vorbereitungen einer entscheidenden Schlacht bestimmen soll. Darnach sollte man nun billig erwarten, daß diese Schlacht die Achäer ins Verderben stürzen werde. Dies geschieht aber nicht, sondern im Gegentheil, die Erfolge sind sämtlich auf Seiten der Achäer, und Hektor sieht sich sogar genöthigt, die troischen Greisinnen einen Fußfall vor dem Bilde der ungnädigen Pallas thun zu lassen. Dieser Thatsache gegenüber klingt es eigenthümlich, wenn die Verfechter der Einheit meinen, der Rathschluß des Zeus, den Troern Sieg zu verleihen, finde an der Tapferkeit der Achäerhelden eine mächtige Gegenwirkung: dadurch werde die Vollziehung desselben gehemmt. Wozu dann noch Zeus mit seinen Drohungen und Versprechungen?

Vergegenwärtigen wir uns ferner, welche Ereignisse alle in den engen Rahmen dieses ersten Schlachttags zusammengedrängt werden. Zuerst stürmische Volksversammlung und mühsame Beschwichtigung der Massen, dann großartige Vorbereitungen zum Kampfe, Waffenstillstand und Zweikampf zwischen Menelaos und Paris, Vertragsbruch durch Pandaros, neue Zurüstungen zum Massenkampf, Heldenthaten des Diomedes, Bittgang der Troerinnen, Hektors Abschied von Andromache und endlich noch Hektors Zweikampf mit Ajas. Für einen Tag ist dies alles entschieden zu viel: dazu kommt, daß die anfänglich zu Grunde gelegten Vorstellungen im weitern Verlauf nicht mehr eingehalten werden. Zuerst wird die Rüstung des achäischen Heeres mit vollem Nachdruck und eingehend geschildert (und zwar neben dem aus andern Gründen verdächtigen Schiffskatalog, welcher in nahezu 400 Versen die beiderseitigen Streitkräfte aufzählt), man erwartet einen großen, allgemeinen Kampf: da folgt plötzlich Waffenstillstand und Zweikampf zwischen Paris und Menelaos, welcher nicht etwa von achäischer Seite, sondern von den Troern vorgeschlagen und von den Achäern sofort willig acceptirt wird.

Der Zweikampf entscheidet zu Gunsten des Menelaos. Wenn nun trotz der Bestimmungen des Vertrags Helena nicht ausgeliefert, sondern durch den Eidbruch des Pandaros der Kampf erst recht entzündet wird, so ist gegen diese Verwickelung gewiß nichts einzuwenden, im Gegentheil, man kann sie sogar als eine poetische Schönheit betrachten: wohl aber muß es befremden, daß die Achäer, obwohl es sich bei jenem Zweikampf um Helena und die Entscheidung des ganzen langjährigen Krieges handelte, den wohlverdienten Siegespreis nicht reklamiren; ja, am gleichen Tage bietet Hektor einen neuen Zweikampf an, ohne daß des ersten gedacht würde.

Dieser neue Zweikampf wird von den Achäern, obwohl sie an diesem Tage überall gesiegt haben, obschon das Gottesurtheil zu ihren Gunsten entschieden hat, erst nach langem Zögern und Zagen angenommen: erst auf die strafenden Scheltworte Nestors ermannen sie sich. Unter diesen Zaghaften befindet sich auch Diomedes, derselbe Diomedes, dessen unaufhaltsames Wüthen eben noch Hektor veranlaßt hat, die schwer bedrängten Seinen zu verlassen und in der Stadt einen Bittgang der Frauen zu veranstalten, derselbe Diomedes, der vor kurzem mit Göttern selbst, mit Aphrodite und sogar mit dem Kriegsgotte Ares den Kampf aufgenommen und siegreich zu Ende geführt hat! Eine noch stärkere Differenz in der Zeichnung des Diomedes zeigt sich in folgendem Punkt. Nachdem er die Götter Aphrodite und Ares siegreich in die Flucht geschlagen, trifft er mit dem Lykier Glaukos zusammen. Diesen frägt er zuerst nach seinem Namen, warnt ihn davor, sich mit ihm in einen Kampf einzulassen, da nur die Söhne von Unglücklichen seiner Kraft sich entgegenstellten, und fährt fort: „Wenn du aber als einer der Unsterblichen vom Himmel herabgekommen bist, dann wisse, daß ich nicht mit den himmlischen Göttern kämpfen möchte." Zum Ueberfluß erzählt er noch als warnenden Beleg dafür, wie sich die Menschen durch einen Kampf mit Göttern selbst ins Verderben stürzten, den Zwist des Thrakierkönigs Lykurgos mit den Ammen des Dionysos, der jenem einen frühzeitigen Tod gebracht, und fügt noch einmal ausdrücklich die Worte bei: „Nicht möchte ich mit den seligen Göttern kämpfen." Er, der eben Aphrodite und Ares gefällt hat? Dies in zwei unmittelbar auf einander folgenden Gesängen!

Betrachten wir nun die Situation des mittleren Kampftags, der uns in den Gesängen 11—17 geschildert wird. Der Anfang des Kampfes wird rasch beschrieben. Schon nach den ersten 80 Versen des 11. Buches heißt es (V. 84): „So lange es Morgen war und der heilige Tag zunahm, da hafteten gewaltig die Geschosse in beiden Reihen und das Volk stürzte darnieder; zur Zeit aber, wo der Holzhacker sich seine Mahlzeit bereitet in den Schluchten des Waldes, nachdem er seine Hände abgemüdet, lange Baumstämme fällend, und Ueberdruß sein Herz ergriffen hat und die Sehnsucht nach erquickender Speise seine Seele umfängt, da durchbrachen die Danaer mit ihrer Mannhaftigkeit die Scharen, indem sie ihren Genossen zuriefen in den Reihen." Es ist dies natürlich eine poetische Umschreibung der Mittagszeit, wie schon der Gegensatz zum zunehmenden Tage kundgiebt. Nun vernehmen wir denn 5 Gesänge hindurch von den mannigfachsten Ereignissen und Kampfesscenen, welche zuerst den Achäern, dann aber den Troern günstig sind: zuerst der Kampf der Troer um die Mauer des Lagers, dann die Erstürmung des Thors nach hartnäckiger Gegenwehr, Poseidons Hülfe, Heras Vorbereitungen, um Zeus in Schlaf zu versenken und inzwischen den bedrängten Achäern aufzuhelfen, Zeus' Schlaf, sein Erwachen, Begünstigung der bereits in die Flucht geschlagenen Troer, Kampf um Ajas' Schiff, Patroklos' Bitte an Achilleus, er möge ihm gestatten, den Achäern zu helfen, Rüstung des Patroklos und der Myrmidonen, endlich ein großer Theil des Kampfes von Patroklos selbst und Flucht der Troer — alles dies in mehr als 4000 Versen. Und darauf heißt es ruhig im 16. Gesang V. 777: „So lange die Sonne die Mitte des Himmels einnahm, da hafteten gewaltig die Geschosse in beiden Reihen und das Volk stürzte darnieder; als jedoch die Sonne sich hinüber neigte nach der Zeit, wo man die Stiere abspannt, da waren die Achäer die Stärkeren gegen das Geschick." Somit fällt die erstaunliche Masse der erwähnten Ereignisse so zu sagen in gar keine Zeit.

Wie im Verlauf des 11. Gesanges der Kampf eine ungünstige Wendung für die Achäer zu nehmen beginnt, wird (V. 611 f.) Patroklos von Achilleus abgesandt, um sich nach dem Namen eines von Nestor ins Lager geführten verwundeten Griechenhelden, des Machaon, zu erkundigen. „Geh' gleich hin, gottgeliebter Patroklos," ruft er ihm zu, „und frage Nestor, wen er da verwundet aus dem Kriege führt." „So sprach er, Patroklos aber gehorchte seinem Freunde und hub schnell an zu laufen nach den Schiffen der Achäer." Er kommt zu Nestor, dieser heißt ihn sich setzen, aber Patroklos, des erhaltenen Befehls eingedenk, lehnt dies ab (V. 648): „Da ist keine Zeit für mich, mich zu setzen, Achilleus hat mich gesandt, zu sehen, wen du da verwundet heimführst." Und weiter, nachdem er den Machaon erkannt (V. 652): „Jetzt aber will ich wieder als Bote zu Achilleus gehen, um ihm dies Wort zu verkünden." Natürlich erwarten wir, daß er dies nun auch sofort ausführt. Darauf wird von den Troern die Mauer erstürmt, die Gefahr wächst immer mehr, eine lange Reihe der verschiedensten Kampfscenen wird geschildert, die den Raum von vier vollen Gesängen einnehmen. Und jetzt lesen wir, daß Patroklos trotz seiner Eile noch nicht zurückgekehrt, sondern in ruhigem Gespräche im Zelte eines griechischen Heerführers sitzen geblieben ist. Und wie er endlich zu Beginn des 16. Gesanges wieder zu Achilleus kommt, da läßt keiner von Beiden ein Wort von jener Aussendung, deren Zweck und deren Erfolg verlauten: es heißt einfach, Patroklos sei vor Achilleus getreten, heiße Thränen vergießend; dieser aber, anstatt Patroklos' Schmerz mit den traurigen Nachrichten, die er wohl bringe, in Verbindung zu setzen, frägt einfach, als ob er von keiner Aussendung wüßte, warum er denn so verthränt sei, wie ein unmündig Mägdlein, das neben der Mutter herlaufe und aufgehoben zu werden begehre: ob er den Myrmidonen etwas mitzutheilen habe, oder ihm selber — so frägt er, der ihn doch selbst ausgesandt —, oder ob ihm eine traurige Nachricht aus Phthia zugekommen sei: es lebe doch noch Menoitios, sein Vater, und sein eigener, Peleus. Erst am Ende heißt es ganz so nebenher: „Oder jammerst du wegen der Argeier, wie sie bei den gewölbten Schiffen zu Grunde gehen wegen ihres Uebermuthes?" Es ist ersichtlich, daß diese Scene eine ausdrückliche Abordnung des Patroklos nicht zur Voraussetzung haben kann.

Im 13. Gesange ist Poseidons Auftreten, der den Achäern zu Hülfe kommt, zweimal und zwar in ganz entgegengesetzter Weise geschildert. Zuerst liest man (zu Beginn des Buches), daß der Meeresgott von dem höchsten Bergesgipfel zu Samos herab auf den Kampfplatz niederblickt und, als er die Noth der Achäer erschaut, ihnen zu Hülfe zu kommen beschlossen habe: darauf schirrt er seinen Wagen, fährt in voller Herrlichkeit über das Meer hin, stellt die Rosse auf der Insel Tenedos ein und begiebt sich dann ins Lager der Griechen. An der anderen Stelle (V. 352) vernehmen wir, er sei heimlich aus der graulichen

Salzfluth emporgetaucht: er habe sich eben vor Zeus gefürchtet und es deshalb vermieden, offenkundig zu helfen. Es handelt sich dabei nicht etwa um zwei verschiedene Anlässe der Hülfe-leistung, sondern um den nämlichen Vorgang.

Auch bei der Tödtung des Patroklos sind verschiedene Versionen ineinander verflochten. Am Ende des 16. Buches verwirrt Apollo selber dessen Sinne, stößt ihm den Helm vom Haupte, daß derselbe dröhnend unter die Hufe des Rosse-gespanns rollt, dann zerbricht er ihm die langschaftige Lanze, wirft ihm den Schild von den Schultern und löst ihm endlich noch den Panzer auf. In dieser völligen Wehrlosigkeit wird er von einem dardanischen Manne Euphorbos von hinten verwundet und dann von Hektor vollends erlegt. Der folgende Gesang weiß von diesem Vorgehen des Apollo nichts: vielmehr ermuntert V. 183 Hektor die Seinigen Stand zu halten, „bis er des Achilleus herrliche Rüstung angelegt habe, die er dem getödteten Patroklos ausgezogen"; V. 205 ruft Zeus mißbilligend dem Hektor zu: „Nicht, wie sich's gebührte, hast du dem Patroklos die Rüstung vom Haupte und von den Schultern genommen", was seltsam mit des Patroklos eigenen Worten kontrastirt (Buch 16 V. 846): „Dir haben die Götter, Zeus und Apollo, den Sieg verliehen; denn sie selber haben mir von den Schultern die Waffen weggenommen." Man sieht, es liegen hier zwei verschiedene Auffassungen vor, eine dem Hektor freundliche und eine seinen Ruhm schmälernde Dichtung.

Zu den angeführten Widersprüchen sachlicher Natur, von denen wegen der Kürze der Zeit nur ein mäßiger Bruchtheil hervorgehoben werden konnte, treten noch auffallende Verschieden-heiten der Sprache, des Versbaues und des Tones in den einzelnen Theilen des Gedichtes hinzu. Namentlich ist in einem Theil der letzten Gesänge eine Abnahme poetischer Kraft zu ver-spüren und ein ungebührliches Hervortreten des Mirakulösen und

Außergewöhnlichen gegenüber dem durchsichtigen Realismus der ersten Partie. Nöthigten jene Beobachtungen vorläufig nur zur Annahme einer Vielheit von einzelnen, nicht in Beziehung aufeinander und ein großes Ganzes gedichteten Liedern, so führen die zuletzt angedeuteten Differenzen auch auf eine Vielheit von Dichtern. Darnach ist auch mit der von Friedländer verfochtenen Hypothese Georg Grotes, die Ilias sei zwar kein Ganzes, aber aus zwei großen einheitlichen Epen, einer Ilias im engeren Sinn (Buch 2—7 und 10) und einer Achilleis (Buch 1, 8 und 9—22) zusammengesetzt, nicht durchzukommen, da diese Partien gerade die besprochenen mit Widersprüchen reich gesegneten zwei Kampftage in sich schließen.

Und wie steht es mit der Odyssee? Auch hier treten analoge Erscheinungen zu Tage, nur sind sie nicht so auffällig, da hier die Kunst, Einzellieder zu größerem Ganzen zu verknüpfen, eine entschieden höhere Stufe der Vollkommenheit erreicht hat. In der Ilias ist einfach ein Lied an das andere angereiht, wie die Verwandtschaft des Inhalts es mit sich brachte: der Gang der Handlung ist gradlinig und nimmt ohne Seitenwege einen ruhig sich fortentwickelnden Verlauf oder, wie Herder sagt: „Fragt man, wo hört Homers Ilias auf? so ist die Antwort: wo man will. Es sind und bleiben lose Gesänge." Anders in der Odyssee: hier sind drei voneinander verschiedene Handlungen, die Vorgänge auf Ithaka, die Heimkehr des Odysseus und die Ausfahrt des Telemach gleichzeitig und nebeneinander in Angriff genommen und fest ineinander geschlungen: hier handelt es sich nicht um eine mehr oder weniger äußerliche Rhapsodenarbeit, sondern um eine wohlüberlegte, in ihrer poetischen Wirkung reiflich durchdachte Anordnung, mit einem festen Mittelpunkt, um den sich alles gruppirt und der da ist: Odysseus' Heimkehr und Rache. „Die Handlung," sagt Bernhardy, „verläuft in folgerechtem Zusammenhang, alle Glieder streben zum gleichen

Ziel: mit gereifter Kunst faßt der Schöpfer der Odyssee die kleineren Einheiten zusammen und läßt sie gewandt einen Kreis durchlaufen, wo sinniger Ernst sich mit heiterer Weisheit verbindet."

Angesichts dieses Eindrucks, den wir von der Odyssee empfangen, an ein Zusammenfügen aus einzelnen Liedern zu denken, scheint unberechtigt, und in der That hat noch vor einigen zwanzig Jahren ein hervorragender Alterthumsforscher, Schö-mann, die verurtheilenden Worte gesprochen: „Die Odyssee als ein aus früher nicht zusammengehörigen Liedern komponirtes Stückwerk zu betrachten, halte ich für baren Aberwitz. Sie selbst ist die geniale Konzeption eines hervorragenden Geistes, der in dieser Gattung weder ʾein Vorbild hatte, noch würdige Nachfolger fand."

Aber trotz dieses Anathemas hat sich auch die Odyssee einer kritischen Analyse unterziehen müssen, welche vor allem das wichtige, kaum mehr beanstandete Resultat zu Tage förderte, daß ein ursprünglich für sich verfaßtes Epos, die Telemachie, aus den Büchern 2—4 und Theilen von 1 und 15 bestehend, künstlich in die ihr einst fremde Odyssee hineingeschoben worden ist.

Dies erhellt erstlich aus dem Umstande, daß die Ausfahrt des Telemach, welcher auf Athenens Veranlassung in Pylos und Sparta Kunde vom abwesenden Vater einziehen soll, von Anfang weg ohne Zweck unternommen wird, da ja die Götter bereits Odysseus' Heimkehr beschlossen haben, und zwar, was nicht zu vergessen, auf Verwenden der nämlichen Athene. Ferner ist das Resultat, welches Telemach von dieser Nachforschung mit nach Hause bringt, ein äußerst geringes: was er erfährt, ist bloß dies, daß Menelaos, der sich bereits geraume Zeit wieder in seiner Heimath befindet, von Proteus gehört hat, es habe der-selbe den Odysseus auf einer Insel im Palaste der Nymphe

Kalypso gesehen, die ihn mit Gewalt zurückhalte, so daß er nicht in sein Vaterland zurückkehren könne, da ihm keine Schiffe und keine Gefährten zu Gebote stünden, die ihn über den breiten Rücken des Meeres nach Hause geleiten könnten. Es ist dies genau das Nämliche, was wir bereits am Anfang des 1. Gesanges aus dem Munde der Athene selbst vernommen haben.

Nachdem Menelaos dies dem Telemach mitgetheilt, fordert er ihn auf, noch elf oder zwölf Tage bei ihm zu bleiben; dann wolle er ihn mit herrlichen Gastgeschenken in die Heimath ent-lassen. Telemach jedoch lehnt einen längeren Aufenthalt mit Entschiedenheit ab, obwohl er gerne ein ganzes Jahr bei ihm bliebe und seinen Worten lauschte, da ihn der Gedanke an seine in Pylos auf ihn wartenden Gefährten bedrücke. Und doch war er erst Tags zuvor zu Menelaos gekommen. Man gewärtigt daraufhin einen raschen Abschied; in Wirklichkeit aber vergehen dreißig Tage, bis Telemach Sparta wieder verläßt, und noch dazu thut er dies nicht auf eigenen Antrieb, sondern erst, nachdem sich Athene selbst zu ihm verfügt und ihm schwere Vorwürfe über sein langes Ausbleiben gemacht hat. „Nicht mehr schön," so ruft sie ihm am Anfange des 15. Gesanges zu, „schweifst du so lange von deinem Hause in der Fremde umher, indem du dein Besitzthum preisgiebst und diese übermüthigen Männer in deinem Heim schalten lässest: daß sie dir nur nicht alles aufgezehrt haben, indem sie sich in dein Hab und Gut theilten, und du einen vergeblichen Gang gethan hast! Nein, treibe den guten Rufer Menelaos aufs schleunigste an, dich zu entlassen, damit du deine untadelhafte Mutter noch zu Hause triffst; denn bereits fordern sie Vater und Brüder auf, den Eurymachos zu ehelichen."

Es darf dabei nicht vergessen werden, daß sich diese Zurück-berufung Telemachs nicht etwa direkt an dessen Besuch bei Menelaos anschließt, sondern erst erfolgt, nachdem bereits Odysseus von den Phäaken nach Ithaka gebracht worden ist und daselbst mit Athene über die Vernichtung der Freier Raths gepflogen hat, also an einer Stelle, wo es darauf ankam, die beiden bisher getrennt nebeneinander herlaufenden Fäden der Erzählung so rasch als möglich zu verknüpfen. Treten nun gerade bei einem solchen Knotenpunkt Unzulänglichkeiten und Widersprüche zu Tage, so ist der Schluß von selbst gegeben, daß eine derartige Vereinigung keine natürliche, sondern eine künstliche, eine gemachte ist.

Für eine solche Auffassung bietet nun in der That der 15. Gesang, das Bindestück zwischen Telemachie und Odyssee, Anhaltspunkte in reicher Fülle.

Im 13. Gesang war Odysseus von den Phäaken schlafend ans Land gesetzt worden. Wie er am Morgen erwacht, ist er zuerst in Verzweiflung, da er wähnt, auf fremdem Boden ausgesetzt worden zu sein. Da erscheint ihm Athene, zuerst in Gestalt eines Jünglings, dann in göttlicher Herrlichkeit, zerstreut den Nebel, der bis dahin das Land überdeckte, und zeigt ihm, daß dies in Wirklichkeit seine Heimath sei. Nachdem sie darauf selbander über das Verderben der Freier nachgesonnen, geht sie, wie der Schlußvers des 13. Buches besagt, zum heiligen Lakedaemon nach dem Sohne des Odysseus. Sie, die am hellen Tage Ithaka verlassen hat, trifft nun laut den Voraussetzungen des 15. Buches in Lakedaemon zur Nachtzeit ein, während alle schlafen außer Telemach, welchen die Sorgen um seinen Vater wach halten. Und zwar ist es nicht etwa die auf jene Unterredung mit Odysseus folgende, sondern die derselben vorangehende Nacht, wie der Verlauf sofort deutlich macht. Zu diesem zeitlichen Widerspruch gesellen sich allerlei weitere mit der sonstigen Zeichnung der Charaktere nicht übereinstimmende Absonderlichkeiten, welche diese ganze Partie als ein Flickstück schlechtester Sorte erscheinen lassen.

Telemach will sofort bei Nacht und Nebel aufbrechen, ohne sich bei Menelaos zu verabschieden: sein welterfahrener Genosse Peisistratos fordert ihn auf, doch noch die Ankunft des Tages abzuwarten, aber nicht etwa, weil ein Weggehen ohne Abschied unziemlich sei, sondern damit ihnen Menelaos noch Gastgeschenke auf den Wagenstuhl legen und sie mit freundlichen Worten entlassen könne: „Denn eines solchen Gastgebers gedenkt der Gast alle Tage seines Lebens, der ihm Freundlichkeit erwiesen hat." Es liegt darin die gleiche Habsucht, welche Athene als Motiv für die rasche Heimkehr des Telemach vorangestellt hat: es könnten ihm sonst die Freier all sein Gut verzehrt haben! Sie meint weiter, er solle sich beeilen, damit er die Mutter noch zu Hause treffe, aber nicht etwa, um sie gegen die Zudringlichkeiten der Freier oder ihrer Verwandten, die sie zu einer Hochzeit drängten, zu beschützen, sondern um sich dagegen zu sichern, daß sie ihm gegen seinen Willen kein Besitzstück aus dem Hause trage. „Denn du weißt ja, wie der Sinn eines Weibes in der Brust beschaffen ist: es will das Haus Dessen bereichern, der um sie minnet, ihrer früheren Kinder jedoch und des lieben Gemahls ihrer Jugend, der ihr gestorben, gedenkt sie nicht mehr und frägt ihnen nichts nach." So nicht ein beliebiger übelwollender Mensch, sondern die Göttin Athene selbst zu Telemach von den Frauen im allgemeinen und von seiner eigenen Mutter Penelope im besonderen! Und dies findet Telemach so einleuchtend, daß er am liebsten ohne Abschied sofort aufzubrechen wünschte!

Er trägt darauf, wie es Tag geworden, Menelaos seine Bitte vor, ihn jetzt zu entlassen, und dieser, ohne sich daran zu erinnern, daß er Telemach gegen dessen ausdrücklichen Wunsch, sofort zurückzukehren, nicht etwa nur elf oder zwölf Tage, wie er ihm ursprünglich vorgeschlagen, sondern deren volle dreißig zurückgehalten hat, meint jetzt unbefangen: „Nicht werde ich dich lange Zeit hier zurückhalten, wenn du nach der Heimkehr dich sehnst: auch einem anderen Gastgeber verarge ich es, welcher über die Maßen freundlich ist und über die Maßen abstoßend: das Gemessene ist überall das Bessere. Wahrlich ein gleich großes Uebel ist's, wenn einer einen Gast, der nicht gehen will, zum Gehen antreibt und wenn er den, der forteilt, zurückhält."

Obwohl Telemach seine Absicht, nach Hause zurückzukehren, deutlich kundgegeben hat, hält es Menelaos doch für möglich, daß er es vorziehe, in Hellas und mitten in Argos umherzureisen, und bietet ihm für diesen Fall seine Führung an. Aber daß dieses etwa zu dem Zwecke geschehen würde, um noch näheres über Odysseus zu erfahren, wird nirgends gesagt, wohl aber meint Menelaos, er werde ihn dann zu den Städten der Menschen führen, und keiner von diesen werde sie so ohne weiteres fortziehen lassen, sondern ihnen etwas schenken, zum Forttragen, entweder einen Dreifuß von schönem Erz oder ein Becken oder zwei Maulthiere oder einen goldenen Becher. Man sieht, diese fixe Idee des Erwerbs verfolgt den Verfasser dieses Flicks auf Schritt und Tritt.

Doch es würde zu weit führen, allen diesen Ungereimtheiten nachzugehen, welche von der herrlichen Pracht so vieler anderer Partien der Odyssee grell abstechen. Daher hier nur noch dieses. Noch an einer andern Stelle hat die Verbindung der Telemachie mit der Odyssee eine Schwierigkeit erzeugt. Nach der im ersten Gesang geschilderten Götterversammlung, welche auf Verwenden der Athene die Heimkehr des Odysseus beschlossen hat, erwartet man sofort deren Ausführung: statt dessen begiebt sich Athene in Gestalt des Mentes nach Ithaka, um Telemach zu seinem zweck- und nutzlosen Gang anzuspornen. Es folgen die Dinge in Pylos und in Sparta; am Schlusse des vierten Gesanges vernehmen wir, daß die Freier beschlossen haben, Telemach auf seiner Rückkehr aufzulauern und ihn zu tödten. Nun findet eine zweite Götterversammlung statt, in der sich Athene darüber beklagt, daß sich keiner an die Gut- thaten des Herrschers Odysseus erinnere: derselbe schmachte verlassen auf der Insel der Kalypso, und nun dächten die Freier auch noch daran, seinen Sohn zu tödten. Von dem bereits ge- faßten, auf ihre eigene Anregung hin erfolgten Beschluß der Götter weiß sie nichts und muß sich erst noch durch Zeus daran erinnern lassen. Statt nun aber demgemäß die Ausführung desselben der Athene auch zu überlassen, sendet er selbst sofort den Hermes zur Kalypso, genau, wie es Athene in der ersten Versammlung ge- wünscht und vorgeschlagen hatte. Das heißt: die zweite Ver- sammlung ist gegenüber der ersten völlig überflüssig und nach Beseitigung dieser Stelle schließt sich die Absendung des Hermes an Kalypso genau an die Schilderung der ersten Versammlung an, ja giebt ihr allein einen vernünftigen Abschluß.

Endlich leidet auch die Eingangsscene der Telemachie, welche dieselbe vorbereitet, an mannigfacher Unklarheit. Da räth Athene dem Telemach erstlich, er solle den Freiern be- fehlen, sich in ihre Heimath zu zerstreuen, die Mutter aber, wenn sie noch einmal heirathen wolle, in das Haus ihres Vaters zurücksenden, der dann die Hochzeit schon besorgen werde, ferner aber auch, er solle ein Schiff ausrüsten und auf Kunde vom abwesenden Vater ausgehen, zuerst nach Pylos, dann nach Sparta; höre er, daß er noch lebe und heimkomme, so solle er die Quälereien der Freier noch ein Jahr aushalten; vernehme er aber, daß er gestorben sei, so solle er ihm einen Grabhügel aufrichten und seine Mutter einem Manne geben, und habe er das ausgeführt, so solle er darüber nachdenken, wie er die Freier im Palaste tödte, sei es durch List oder durch offene That. Das sagt eins neben dem andern Athene in der Gestalt des Taphierfürsten Mentes, welcher eben mit seinem Schiffe auf Ithaka angekommen zu sein behauptet, gleichwohl aber schon weiß, daß Laertes nicht mehr nach der Stadt komme, sondern fern auf dem Lande Leiden erdulde mit einer alten Dienerin, die ihm Speise und Trank vorsetze, wenn er sich durch den Weinberg müde geschleppt, der dagegen nicht weiß, was dieses Getümmel im Palaste zu bedeuten habe, sondern vielmehr den Odysseus bereits zu Hause anzutreffen vermeint.

Aber auch in denjenigen Partien, welche nach Ausschluß der Telemachie noch übrig bleiben, hat man allerlei Anzeichen entdeckt, welche darauf hinleiten, daß fremdartige Bestandtheile miteinander verbunden und überarbeitet worden sind. Mehrmals kehren die gleichen Motive wieder, ohne daß eine Nöthigung dazu vorlag, das Nämliche wird öfter erzählt und zwar in abweichender oder geradezu widersprechender Weise, wie Agamemnons Tod im dritten, vierten, elften und vierundzwanzigsten Gesang. Ferner hat die Erzählung des Odysseus von seinen Irrfahrten, sonst der Glanzpunkt der Odyssee, bedeutende Erweiterungen erfahren, wie überhaupt die ganze Episode von Odysseus' Aufenthalt bei den Phäaken von fremdartigen Bestandtheilen durchsetzt ist, die mit Vorliebe in der Gestalt von Doppeldichtungen auftreten. Zweimal werden wir in die Unterwelt geführt, das erste Mal durch Odysseus, der, um den Teiresias über seine Rückkehr zu befragen, zum Eingang des Hades hinabgestiegen ist und sich dort mittelst des allein das Bewußtsein zurückführenden Blutes, welches er die Schatten trinken läßt, mit denselben unterhält, aber trotzdem auch von solchen, die kein Blut getrunken haben, erkannt wird, dann aber plötzlich von Dingen berichtet, von denen nur ein mitten in die Unterwelt Versetzter erzählen konnte. Das andere Mal durch den Dichter selbst, welcher schildert, wie die Schatten der getödteten Freier durch Hermes in den Hades hinabgeführt werden und dort in dem Augenblicke eintreffen, wo Agamemnon dem Achilleus, welche bereits Beide in der ersten Nekyia mit Odysseus verkehrt

haben, zum erften Male begegnet und ihm deffen rühmliche
Leichenfeier und fein eigenes fchmähliches Ende erzählt. Darauf
kommen die Schatten der Freier daher, Agamemnon wundert
fich über ihre große Zahl und frägt einen derfelben, den Amphimedon, mit Berufung darauf, daß er einft fein Gaftfreund
gewefen, nach der Urfache ihres Todes. Amphimedon erzählt
alles, was wir bereits genau wiffen, beklagt fich darüber, daß
ihre Leiber noch unbeftattet daliegen, und Agamemnon, der
Gaftfreund, findet darauf keine andere Antwort, als eine Lob-
preifung des Odyffeus: „Glücklicher Sohn des Laertes, erfin-
dungsreicher Odyffeus, wahrlich eine tugendhafte Gattin haft
du dir erworben" und fo fort, und noch dazu durch die Worte
eingeleitet: „Ihn aber redete hinwieder an die Seele des Atriden!"
Kurz, neben den herrlichften Partien vollendeter Darftellung
und echter Poefie ftehen völlig nichtsfagende Stücke, die fofort
verrathen, daß fie eines andern Geiftes Kinder find. Darunter
ift nun freilich manches, das fich fofort als fpäteren Zufatz,
als Interpolation verräth; anderes aber erweift fich als Ver-
mittelung, als Füllftück, um von einem Liede zum andern eine
verbindende Brücke zu fchlagen und einen fonft nicht vorhandenen Zufammenhang äußerlich wenigftens herzuftellen. Von
diefer Sorte überarbeitender Poefie weift die Odyffee, gerade
weil ihr Gang verwickelter ift, weit mehr Beifpiele auf, als die
in ihrem Verlaufe viel einfachere Ilias. Die Betrachtung diefer
Verhältniffe nöthigt uns zur Annahme, daß auch die kunftvoller
angelegte Odyffee fo gut wie die Ilias nicht aus einem Guffe
entftanden ift, fondern aus verfchiedenen Elementen befteht,
deren Zufammentreten nicht fowohl durch die einheitliche
Schöpfung eines beftimmten Dichters, als durch die kundige
Redaktion eines Anordners bedingt wurde. Diefe Zufammen-
fügung von Ilias und Odyffee muß fich fchon frühzeitig durch
die treuen Bewahrer der homerifchen Lieder, die Rhapfoden,

vorbereitet haben, da bereits die Dichtungen des epischen Kyklos
darauf Rücksicht nehmen; die Arbeit des Peisistratos gab dann
diesem Streben einen festen Abschluß.

Aber, so höre ich den Leser fragen, ist denn nicht eine
bestimmte Gestalt, Homeros, als Dichter dieser beiden Epen
überliefert? Ist es gestattet, an dieser festen Tradition zu
rütteln? Allerdings müßte eine derartige Untersuchung zu
andern Schlüssen führen, wenn wir es mit einer historisch fest=
gestellten Individualität zu thun hätten und mit Werken, deren
Authentizität litterarhistorisch über jeden Zweifel erhaben wäre,
wie dies z. B. bei Vergils Aeneis der Fall ist, für deren
Inkongruenzen wir eine ganz andere Lösung zur Hand haben.
In der That, hätten wir über Herkunft, Zeit und Lebensver=
hältnisse Homers faßbare übereinstimmende Nachrichten, dann
würden wir die zutage tretenden Widersprüche und Mängel
der ihm zugeschriebenen Gedichte gleich dem einen bekannten
Dichter zur Schuld geben und von seiner dichterischen Bedeutung
einfach abziehen. Aber von allem diesem findet nichts auf
Homer eine sichere Anwendung.

> „Sieben der Städte, sie kämpfen den Kampf um den Stamm des
> Homeros:
>
> Kyme, Smyrna, Chios, Kolophon, Pylos, Argos, Athenae"

heißt es in einem bekannten Spruch der Alten; derselbe kehrt
aber in verschiedenen Versionen wieder, von denen jede wieder
andere Städte substituirt, nämlich Ithaka, Rhodos, Salamis
und Jos, so daß im ganzen deren elf herauskommen. Noch
weiter geht Proklos in seinem Leben Homers: „Die Einen
nennen ihn einen Kolophonier, die Andern einen Chier, wieder
Andere einen Smyrnaer, die Vierten einen Bewohner von Jos
oder einen Kymäer, und überhaupt sucht sich eine jede Stadt
den Mann anzueignen, so daß man ihn einen Kosmopoliten
nennen könnte." Dem entsprechend findet man in einem Epi-

gramm der griechischen Anthologie zwischen dem Leser und
Homeros das Zwiegespräch: „Bist du ein Chier? Nein. —
Was denn? ein Smyrnaer? Auch dies nicht. — Oder ist
Kymae oder Kolophon dein Vaterland? Keins von beiden. —
Oder Salamis? Auch von dorther stamm' ich nicht. — So
sage doch selbst, wo du geboren bist. Das kann ich nicht. —
Warum dies? Würde ich mir doch alle übrigen Städte
verfeinden, wollt' ich die Wahrheit verkünden." Noch bestimmter
äußert sich in diesem Sinne ein weiteres Epigramm der
Anthologie: „Welcher Heimath sollen wir den Homeros zuschreiben, Jenen, nach dem alle Städte die Hand ausstrecken?
Oder ist das nicht zu enträthseln und er, der den Unsterblichen
gleichende Held, hat den Musen selbst Vaterland und Herkunft
preisgegeben?" Vollends Antipatros: „Nicht einen sichern
Namen find' ich, nicht eine Stadt, o himmlischer Zeus: ob
nicht deiner eigenen Worte Ruhm Homeros für sich davon-
trug?"

Eine ähnliche Unsicherheit herrscht in den Angaben über
Homers Lebenszeit. Es liegt uns hier eine doppelte Tradition vor, eine volksthümliche, durch die einzelnen Städte vertreten, die ihn für sich in Anspruch nehmen, und eine gelehrte,
welche auf der Kombination der Alexandriner beruht. Davon
schwankt jene zwischen den Jahren 1050 und 625, diese zwischen
1190 und 800, so daß die Differenz bei jeder von Beiden
einen Zeitraum von circa 400 Jahren beträgt, bei beiden zusammen jedoch, wenn wir die äußersten Endpunkte ins Auge
fassen, von mehr als sechs Jahrhunderten. Ein annähernd
sicheres Resultat für die Lebenszeit des Individuums Homer
läßt sich bei dieser Vielgestaltigkeit der Ueberlieferung natürlich
durchaus nicht gewinnen; dagegen hat eine geniale Hypothese
Sengebuschs viel Wahrscheinlichkeit, daß nämlich die abwei-
chenden Ansätze der einzelnen Städte nicht sowohl der Person,

als vielmehr der Poesie Homers gälten und einfach die Epoche bezeichneten, in welcher homerische Dichtung, gepflegt und fortgepflanzt durch das Geschlecht der Rhapsoden, jeweilen bei ihnen in Blüthe gestanden sei.

Man sieht, die Individualität Homers entzieht sich nach dieser Seite hin jeder bestimmten Definition. Sie deshalb unbedingt zu leugnen, sind wir darnach freilich noch nicht berechtigt. Aber das Einzige, woran wir uns einigermaßen halten können, sind die Gedichte, und da werden wir ebensowenig anstehen, eine Anzahl herrlicher Gesänge als Kinder einer und derselben oder einer ähnlichen Muse zu bezeichnen, als wir uns lange bedenken werden, Dichtungen zweiten oder gar dritten Ranges davon sorgsam zu unterscheiden und abzulösen.

Was uns an Homer ergötzt und entzückt, ist nicht das Ganze, sondern das Einzelne, und dieses läßt die Homerfrage ja völlig bestehen, ja die unvergleichliche Pracht einzelner Gesänge wird erst so in die richtige Beleuchtung gerückt, wenn das wuchernde Beiwerk theils rhapsodischer, theils diaskeuastischer Handwerkspoesie, Erweiterung und Zudichtung beseitigt ist. Der Werth dieser Einzelgemälde besteht, um nur einen Vorzug hervorzuheben, in ihrer Objektivität, in ihrer konkreten Anschaulichkeit, wie Goethe so treffend im zweiten Theil der italienischen Reise es ausspricht: „Homer stellt die Existenz dar, wir gewöhnlich den Effekt; er schildert das Fürchterliche, wir fürchterlich, er das Angenehme, wir angenehm."

Druck der Verlagsanstalt und Druckerei A.-G. (vorm. J. F. Richter) in Hamburg.

(384)

Verlagsanstalt und Druckerei A.-G. (vormals J. F. Richter) in Hamburg.

In der „Sammlung wissenschaftlicher Vorträge" erschienen:

Ueber Literar-Historisches.

(38 Hefte, wenn auf einmal bezogen à 50 Pf. = 19. Mk. Auch 24 Hefte und mehr dieser
Kategorie nach Auswahl, wenn auf einmal bezogen, à 50 Pf.)

8909787381